계절을 건너 온 마음의 시

그대는 아직도 봄바람

이 수 민

그대는 아직도 봄바람

초판 1쇄 발행   2025년 11월 5일

지은이_ 이수민
펴낸이_ 황태옥
펴낸곳_ 꿈나비북스
인쇄처_ (주)북모아
디자인 스튜디오- 폴리오903

주소_ 경북 포항시 남구 효성로 11
전화_ 080-610-7005
이메일- okst77@naver.com

ISBN- 979-11-995304-2-3
정 가- 14,000

이 책은 저작권법에 따라 보호받는 저작물이므로 무단 전재와 무단 복제를 금지하며 이 책 내용을 이용하려면 반드시 저작권자 꿈나비북스와 도서출판 창조와지식의 서면동의를 받아야 합니다. 잘못된 책은 구입처나 본사에서 바꾸어 드립니다.

'꿈나비북스는 모든 작가들의 출판을 응원합니다

계절을 건너온 마음의 시

그대는 아직도 봄바람

이수민 시모음

글쓴이 소개 **이수민**

사회복지, 심리상담, 원예치료, 친환경 분야를 탐구하며
자연과 인간에 대한 깊은 이해를 시로 풀어냅니다

지구를 살리고 환경을 지키는 친환경 뷰티업에 20년차
환경 분아 리더십분야 꿈을 전하는 프리랜서 강사

임상병리사, 의류 매장 운영, 천연화장품 유통·관리
미용향장학 석사와 종합미용면허 등
다양한 삶의 경험을 쌓았습니다.

진정한 나를 찾아가는 시간

시를 쓰면서
나는 나를 더 깊이 만나고
나를 통해 진정한 세상을 바라볼 수 있었습니다

일상 속에 숨어 있던 감정을
봄바람처럼 불러낸 시집

『그대는 아직도 봄바람』
지친 마음에 다시 희망이 피어납니다.

프롤로그

앞만 보고 달리느라 나를 돌아볼 틈이 없었습니다
일과 삶에 치여 하루하루를 살아내다 보니
어느새 50대 중반에 서 있습니다

우연처럼 찾아온 기회로 첫 시집을 내게 되었습니다
처음에는 믿기지 않았지만
곱씹을수록 참 고맙고 벅찬 일입니다

이 시집은 내 삶 속에서 소소한 작은 마음 한 조각
그때그때 흘려보낸 생각들을 모았습니다

부족한 글이지만 누군가의 발걸음을 잠시 멈추게 하고
작은 위로가 된다면 더 바랄 것이 없겠습니다

매일 아침
'황태옥'시인님의 정성 어린 시(詩)제와 첨삭지도
감사합니다

'매일매일 시(詩)작'을 통해 함께 출판한
작가님들 감사합니다

매일 아침 5시 30분
시제를 받으면 사색하고 작성해서 읽고
고치고 다시 썼습니다

첫 시집을 세상에 내놓으며
이 시작이 또 다른 길로 이어지기를
조심스럽게 기대해봅니다

늦은 가을에 이수민~

목 차

프롤로그 ····· 6

1장, 마음이 열리는 순간 ····· 12

기차 창가 또 하나의 봄 ····· 14
늦은 봄날의 설렘 ····· 15
속삭임의 물결 ····· 16
마음의 눈 ····· 18
맘, 새싹 ····· 20

2장, 우리라는 이름으로 ····· 22

함께 걷는 삶의 줄 위에 ····· 24
그대 이름 커피 ····· 26
동행하는 그대 ····· 28

그대는 내게 우산 ······ 30
동반자 팔찌 ······ 32
단풍처럼 물드는 이야기 ······ 33

3장. 사랑의 조각들 ······ 34

그대와 걷는 여름 바다 ······ 36
닮아가는 마음 ······ 38
첫사랑 꽃반지 ······ 39
핑크빛 사랑 ······ 40
여름 사랑 ······ 41
바다에게 ······ 42
너의 눈 ······ 43
딸기 ······ 44

4장. 그리움의 풍경 ······ 46

산을 품은 큰 산 ······ 48
그리운 이름 엄마 ······ 50
그리운 고향 ······ 52
뒤늦은 사과 ······ 53

꽃무늬 손수건 ················· 54
가족사진 ················· 56
가을 그리움 ················· 58
돈 꽃다발 ················· 59

5장, 시간의 옷을 입다 ················· 60

가을의 끝, 사랑의 문 앞에서 ················· 62
세월이라는 스승 ················· 64
나란한 고독 ················· 66
가을의 길목 ················· 68
겨울 애상 ················· 70
8월의 노래 ················· 72
낙엽이 내리던 날 ················· 73

6장, 깊은 하루의 틈에서 ················· 74

투명한 경계 ················· 76
이다음의 약속 ················· 78
아버지와의 추억 ················· 80
익어가는 중 ················· 82
달 항아리 ················· 84

7장, 나와 마주하는 용기 ·········· 86

생명 연장 기다림 ·········· 88
나는 행복한 사람 ·········· 90
오래된 기억에게 ·········· 92
멈춤의 용기 ·········· 94
두견주 ·········· 96
유리병 ·········· 98

8장, 다시 희망을 피우다 ·········· 100

바람 따라, 낙엽처럼 ·········· 102
잃어버린 장갑 ·········· 104
희망 무지개 ·········· 106
책에게 묻다 ·········· 108
아침 누름돌 ·········· 100
멈춤이 주는 선물 ·········· 109
아침햇살 ·········· 110

에필로그 ·········· 112

제 1장
마음이 열리는 순간

기차 창가 또 하나의 봄

늦은 봄날의 설렘

속삭임의 물결

마음의 눈

맘 새싹

기차 창가 또 하나의 봄

덜컹이는 리듬 따라
지나가는 풍경
스치는 파릇한 기운

겨우내 웅크린 땅의 숨소리
희망의 물이 오르는 연두
창 너머 계절의 봄

가만히 눈 감으면
기다림 속. 내 안에 피어나는
또 하나의 나를 바라 봄

만남과 설렘의 봄
새로운 시작의 기대
따스한 햇살에 기대어 봄

당신이 보는 모든 순간이
봄처럼 환히 피어나길

당신에게 가는 길마다
따스한 봄으로 가득하길

늦은 봄날의 설렘

연두로 물든 산등성이 햇살처럼
살며시 내려앉은 당신

오래 잊고 지냈던
꽃망울 터지는 듯한 설렘에
괜히 웃음이 납니다.

함께 나누고 싶은 이야기
전하고 싶은 소식들
사소한 일상까지도
기대라는 이름으로 부풀어 오르고
세상이 다시금 환하게 보입니다.

따스한 봄날을 기다리는 새싹처럼
조심스레 마음을 열어 봅니다.

늦은 봄의 유혹으로
설레이는 봄 입니다

속삭임의 물결

설렘의 밤을 지나
오늘은
희망의 해가 뜬다

미래를 약속하는
해가 뜬다

미래의 길목에서
숨죽여 기다린
절반의 선택

작은 힘
종이 한 장으로
세상을 바꿀 수 있을까

변화의 파동은
대지를 흔들 수 있을까

흠결을 품은
더 단단해진 뿌리

어제의 나와
오늘의 나

그리고
미래의 나를 위한
작은 손짓

거대한 침묵 아래
고요히 번져가는
속삭임의 물결꽃이 피어난다

마음의 눈

눈 감으면
더 또렷해지는
지난날의 미소

세상 모든 소음이
잠잠해지면
고요히 떠오르는
추억의 조각들

눈에 담기면
깊이 새겨지는
사랑하는 얼굴

그 눈빛 따라
마음밭에
조용히 뿌리내린다

눈은
가슴속 이야기를
비추는 창
슬픔도, 기쁨도

감추려 해도
어느새 드러나는 진심

눈빛 하나로
전해지는 마음

말로는 닿지 못하는 것들
눈은 고요히 말해준다

눈을 감으면
더 선명해지는
그리운 추억들

맘, 새싹

세상 속 나는
호탕한 척, 쿨한 척
사람 좋은 척, 아닌 척
많이 아는 척 하며
살아왔지

내면 속 나는
예민하게 흔들리고

나만 생각하는 이기심
사소한 일에 맺히는 뒤끝

솔직히
별로인 사람

매일매일
세상의 무게를 참고
인내하고 버티며

침묵 속에
그러려니, 그러려니 수십 년

그런데 어느 날 문득

마음의 토양 위로
희미한 새싹 하나 돋았다

맘 근육 위에
그 새싹 자라나

'척'이라는 무게만큼
튼튼한 싹으로 올라와

수없이 반복하던 습관이
조금씩 아주 조금씩
변하게 했다

진짜로
꽤 괜찮은 사람은
새로 피어난 나

2장
우리라는 이름으로

함께 걷는 삶의 줄 위에
그대 이름 커피
동행하는 그대
그대는 내게 우산
동반자 팔찌
단풍처럼 물드는 이야기

함께 걷는 삶의 줄 위에

가느다란 삶의 외줄
위태로운 소의 걸음으로
묵묵히 나아간다

때로는
환희에 찬 승리의 미소로

때로는
분노에 이글거리는 눈빛으로

때로는
애가 타는 고뇌의 밤을 지나

마침내
눈부시게 빛나는
기쁨의 삶을 향해

수만 개의 고구마처럼
목이 메는 답답함

삶의 무게는

누구에게나
공평하게 얹히기에

시련의 총량 나누듯
서로의 어깨 기대어
따뜻한 위로 건네며

이제
우리
하나 되어

이 길을
함께 걸어요

그대 이름 커피

그대의 굿모닝 첫 입술
잠든 나를 깨우는 마법술

한 방울씩 떨어지는 눈물
인내와 기다림 속 가르침

차가운 얼음과 조화
둥글게 피어나는 여유

하얀 우유와 하나 될때
새로운 기쁨, 행복이 피어

코끝에 맴도는 향기
매혹적인 그대는
쉼과 여유를 준다

늘 내 곁을 지키는 당신
때로는 친구처럼
때로는 다정한 연인
포근한 엄마처럼

변함없이 건네는 위로와 격려
언제나 내 편

참으로 고마운
그대 이름
커피

동행하는 그대

얼굴 보지 않아도
목소리 듣지 않아도
매일 마음으로 만나는 우리

처음 목욕탕에 갔던 날
발가벗은 알몸 같은
부끄러운 글자로
소식을 전하던 우리

매일 아침
배달되는
행복한 선물, '시제'

단어들의 몸부림
생각과 감정의 함축
메마른 감성의 밭에
뿌려지는 감성의 씨앗들

우린
잘할 수 있을까
시인이 될 수 있을까

두려움과 설렘이 뒤섞인
매일의 '행복시제'

가슴 뛰는 기다림 속에
두 번째 확인 배달은

안도와 평안 전해주는 길
등대처럼 빛나는 길

언젠가
얼굴 보고
목소리 듣고
손 꼭 잡고 싶은

그대들과 설렘
그리고 무한한 행복

그대는 내게 우산

한여름 소나기
마른 땅에 쏟아지는 빗방울
코에 와 닿는 흙냄새

서먹한 남녀
우산은 하나

어깨를 감싼
힘센 남자 손
허리 잡은 어정쩡한 여자 손

우산을 잡은 남자
손의 미세한 떨림
빗방울을 뚫고 나온
심장 소리

흠뻑 젖은 남자의 한쪽 어깨
남자에게 젖어버린 그녀

기울어진 우산
배려의 우산

전해지는 따뜻한 마음

지나가는 소나기 속
그때 내게 우산 같던 남자

고마워요
잊지 않았어요
내게 기울어진 그대 큰 맘
잘 간직해왔어요

흙냄새에 묻힌 추억
소나기 속에 떠오르는
그대 생각

동반자 팔찌

손목 위에 피어난
삼십 년 지기 작은 별빛

둥글게 감겨온 너와
함께한 수많은 시간들

반짝이는 너의 환한 미소
따뜻한 손목의 터치

박힌 조그만 보석마다
추억의 흔적이 스며 있고

감싸 안은 아픔
조용히 건네는 위로
찰랑이는 너의 소리
행복 부르는 주문

세월 속 빛바랜 은빛 너
또 하나의 내 모습

남은 내 삶을 함께할
빛나는 동반자

단풍처럼 물드는 이야기

초여름 소낙비처럼
불현듯 내 삶에 스며든
글쓰기 수업

매일매일 설레는 새벽의 시간
나를 흠뻑 적신 시제들

어느새 계절은 여름 지나 가을
알곡이 영글듯
우리의 글도 무르익는다

머리를 짜내며 쓴 문장들
반짝이는 글이 되어
작은 보석이 되고

책 한 권에 담길 이야기로
단풍처럼 물들어 갈 시집

나는 속삭인다
나도 작가다 나도 시인이다

제 3장
사랑의 조각들

그대와 걷는 여름 바다
닮아가는 마음
첫사랑 꽃반지
핑크빛 사랑
여름 사랑
바다에게
너의 눈
딸기

그대와 걷는 여름 바다

뜨거운 햇살 아래
당신 눈빛 쨍하게 반짝이니

세상은 온통
햇살 머금은 미소

넓고 푸른 당신 마음
파도처럼 일렁이고

수줍은 설렘 따라
가슴 가득 피어나는 안개

싱그러운 당신 목소리
귓가에 속삭이고

달콤한 어지럼 속
가장 아름다운 선율이

타는 듯한 오후
당신과 함께 걷는 길 위에

땀방울마저
사랑의 증표가 된다

여름날의 꿈
뜨거웠던 약속
찬란히 빛나던
여름 바다

닮아가는 마음

딱딱한 나무 옷 입고
굳어버린 내 모습

칼날이 살을 도려내는
고통을 견디며
뽀얀 속살을 드러낸다

기다리고
애태우다
검게 그을린 마음

숨기고 감춘
굵은 속마음 드러낸다

힘센 압력에 부러지고
약함에 짓눌린 세상 속에

다시금
뾰족한 벼랑 끝에 설지라도
이 생명 다하는 날까지
그대와 머물기를

검게 물든 속마음 다 한 날
그대의 추억이 되기를

첫사랑 꽃반지

눈부신
푸르른 어느 날

젊은 청춘은
행운의 네잎 클로버
찾으며 우정도 키우고
사랑도 키웠지

농담처럼 건넨 진심
사랑한다
끼워주던 꽃반지

영원하자던
약속의 반지인 줄

뒤늦게야
알아버렸지

시들어진 꽃반지
반지는 사라지고
약속도 잊혀지고

행운의 네잎 클로버꽃반지
첫사랑의 그리움의 반지

핑크빛 사랑

붉은 장밋빛
청춘의 사랑
열정적인 사랑

시간이란 무게 속
활화산 붉은 미움
하얀 정을 더하고
설운 가슴 내려놓아
희석된 사랑

뜨겁진 않아도
열정적이진 않아도

은은한 공기 같은 그대
닮아가는 서로의 모습
나란히 걷는 인생길

시나브로
스며드는핑크빛
중년의 사랑

여름 사랑

찰나의 시간
덧없는 계절이 가고

이 순간 가슴 속
타오르는 불덩이 심장을 태워
문신처럼 새겨진다

뜨거운 여름날
꿈결 같던 사랑의 조각
찬란히 빛나던 추억은
심장 깊숙한 곳에 남아

이제는
고즈넉이 물들 가을을
조용히 기다린다
너를 기다린다

바다에게

그리움 담은
푸른 당신

눈길 머무는
저 멀리 끝에 있습니다

깊은 슬픔도 말없이 품고

일렁이는
파도 숨결 속에
작은 희망의 노래 띄웁니다

언제나 그 자리에서
고요히 흐르는 평온한 당신

삶에 지쳐
문득 되돌아선 어느 날

따스한 위로 건네며
지친 어깨 감싸 안아주는
나의 친구 바다여!

너의 눈

너의 눈 날 향해 찡긋
내마음 쿵덕

장난 가득한 너의 눈
설레이는 내마음 살랑

슬픈 너의 눈
내맘이 저려와
나의 눈물 쏟는다 왈칵

다정한 너의눈
내맘속 참평화

나는 여전히
너의 눈 매력에 빠진다 풍덩

오늘도
너의 눈
미로 속을 헤메이는 중

딸기

장미의 붉음이 그리워
장미목 열매가 된 딸기
새콤달콤한 유혹

딸기가 먹고 싶어 잠을 잘 수 없다
온통 머릿속 딸기 생각뿐

잠자는 남편을 깨웠다
딸기 심부름을 시켰다

부시시 눈비비고 나서는 남편
늦은 밤 어디서 살려고

서너 시간 후
남편 손에 들린 딸기 한 팩

1차적인 욕구
나는 딸기를 먹고
딸기는 나의 맘을 얻었다

딸기에 박힌 점처럼

버리고 싶은 많은 점들
그 속에 쌓였지만

30년 전 겨울
입덧하는 아내를 위한 남편정성

추억하나
고마움하나 되어

제 4장
그리움의 풍경

산을 품은 큰산
그리운 이름 엄마
그리운 고향
뒤늦은 사과
꽃무늬 손수건
가족사진
가을 그리움
돈 꽃다발

산을 품은 큰 산

권위 높고 단단한 산
그 산을 품은
더 깊고 큰산

정의가 강물처럼 흐르고
상식이 통하는
보통 사람

원칙과 정도를 따라
험한 길을 묵묵히 걸어가신
소박한 사람

역사는
여전히 도도하게 흐르고

모든 것을 안고서
더 큰 산을 품은 산으로
당신은 들어가셨죠

노란 추모의 물결 속
산 자를 일깨우는

큰산의 울림

부엉바위만이
그 진실을 지키고 있고

"손잡고 미래로 가자"
당신이 남긴 그 약속

5월이 오면
당신의 따뜻한 목소리
온화한 미소가
사무치게 그립습니다

그리운 이름 엄마

외동아들 귀하다는
엄한 시어머니 아래

그 집 며느린
줄줄이 딸을
일곱이나 낳았다

딸 낳은 죄인이라며
몸 풀고 사흘 만에
논으로 나가
모내기를 해야 했지

그 뒤로
발목은 늘 시렸고
손목은 자주 붓고

가슴속엔
불덩이 하나
꾹 눌러 안았지

그 며느리의 딸이
또 딸을 낳았을 땐
삼칠일 내내
움직이지 못하게 하며

긴 양말 신겨

발목을 덮어주고
조용히, 그 불덩이를 식혔지

그 엄마는
하늘 위 새가 되어
자유롭게
날고 있겠지

엄마가 되고서야
알았다
엄마의 삶을

모내기철
오월이 오면
떠오른다

사흘 만에
모내기 나가
손목 붓고
발목 붓던

그 엄마를
그 엄마를
그리워 한다

그리운 고향

푸른 잔디
뛰놀던 그 자리
지금은 높다란 고층 아파트

흙탕물 연못에서 멱 감던 곳
지금은 맑은 수영장 자리

옹기종기 잠자던 우리 고향집
6차선 도로 위
휑한 바람만 스친다

눈 감으면 또렷한 고향 풍경
눈을 뜨면 사라진 고향 마을

마음속 깊이
문신처럼 새겨진 내 고향

오늘 밤
내 심장
내 기억이 되어

꿈속에서
다시 만나질까

뒤늦은 사과

검붉은 사과 들고
뒷짐 진 채 서성인다

탐욕스런 빛깔 속엔
잊고 싶은 세월의 흔적

아삭했던 젊은 날
한때 빛났던 내 청춘

풋내 가득한 교만함
어리석음 위 뒤늦은 후회
가슴이 저려온다

마음에 남은 상처
아물지 않은
멍든 사과처럼
자꾸만 떠오르는 후회

이 작은 사과
뒤늦은 깨달음

그때의 나에게
그 시절, 그대에게

꽃무늬 손수건

다리미 남은 열기로
정사각형 손수건을 다린다
깔끔하게

꽃무늬가 앞쪽에 보이게
한 겹씩 접는다
예쁘게

한 번, 두 번, 세 번, 네 번
각을 잡아 접는다
반듯하게

진한 향수 대신
은은한 샤워코롱을 뿌린다
여성스럽게

핸드백 속에 설렘 향이 오른다
나풀거리는 치맛자락
향기를 따라 춤춘다
매혹적이게

저 멀리
내 사랑이 보인다
활짝 웃으며 손을 흔든다

향기가 설렘이 되어 퍼진다
심장이 터지게

우리들의 젊은 청춘
그 꽃무늬 손수건으로
하늘높이 활짝 피어올랐지

가족사진

친정집 서랍 속
잠자고 있던
낡은 사진 한 장

시골 안방문 위
액자 유리 속
흑백 가족사진

유리 때문일까
유난히 반짝였던
그 시절 얼굴들

잘생긴 아버지
앳된 엄마
옹기종기 나란히 선
어린 우리 형제들

그 사진 속
엄마의 앳된 얼굴이
지금 내 얼굴에도 있다

70대 큰언니 얼굴엔
세월 따라 늙어진
엄마가 있다

서로의 얼굴 마주보며
미래의 거울을 본다

엄마는
우리 형제들 얼굴에
아직 살아 있다

그리운 얼굴
보고 싶은 얼굴

언니, 오빠 얼굴을 보며
그리움을 달랜다

가을 그리움

공원 벤치에 앉아
가을 하늘 올려다본다

낙엽 하나 툭 떨어지면
내 심장도 툭 떨어진다

보고 싶다
너무 보고 싶다

가슴이 먹먹하다
눈가에 맺힌 이슬
조용히 흘러내린다

하지 못한 말
전하지 못한 마음이
그리움 되어 떨어진다

그 자리에 멈춰
낙엽 냄새에 취해본다

너 떠난 그해 가을
우릴 지켜보던 낙엽이
오늘 다시 내 곁에 내려앉는다

돈 꽃다발

꽃은 향기롭고 예쁘고
돈은 실속 있고 반짝인다

인생 최고의 조합
돈 꽃다발

받는 순간 가슴 설레고
꽃은 미소를 피우고
지폐는 행복을 더 한다

기쁨은 향기로 퍼지고
행복은 지폐 두께로 쌓인다

감동의 눈물 한 방울
꽃과 돈을 함께 건네는
센스 있는 마음

올해 내 생일 날
너에게서 받고 싶다

제 5장
시간의 옷을 입다

가을의 끝, 사랑의 문 앞에서
세월이라는 스승
나란한 고독
가을의 길목
겨울 애상
8월의 노래
낙엽이 내리던 날

가을의 끝, 사랑의 문 앞에서

가을 길목에 선 두려움이
차가운 그림자 드리웁니다

숱한 계절 지나며
알아버린 삶의 무게 속 깊은 상처들

다시 마음 열었다가
혹여 시린 바람 맞을까

무거운 발걸음으로
조심스레 서성입니다

익숙함에 물든 나이
낯선 변화는
어둠 속 미지의 길

이 나이에 또 다시 사랑
괜한 용기일까
되묻습니다

설렘과 기대 사이

두려움과 망설임 사이

늦가을의 떨림은
이미 겨울을 품고 있기에

사랑할 수 없는 아쉬움
낙엽처럼 발끝에 쌓여갑니다

세월이라는 스승

나 어릴 적
여리고 약한
귀염둥이 막내

힘든 일, 부모님이
곤란한 일, 흑기사 오빠
하기 싫은 일은
비서 같은 언니들이

고집 많고
이기적인 막내

고집부려 선택한 결혼
녹녹치 않은 남편

내 마음대로 안 되는 시댁
거친 세상 파도가
나를 삼켜버렸다

참고, 버티고, 인내한 시간
세월은 어느새

내게 참 스승 되었다

나를 단단하게
둥글게 만들어준
참 고마운 스승

세월이라는 스승
황소도 이길 강한힘
내 안에 심어주었다

나 어릴적
여리고 약한
귀염둥이 막내가

그 시절
그리워지는 밤에

나란한 고독

고속도로 위
흐르는 시간 속
갇힌 승용차 안

옆자리
삼십 년 친구는
낯선 풍경과 닮았다

늘 나란히 달렸지만
단 한 번도 교차한 적 없는 평행선

속내를 알 수 없다

고상한 듯 아닌 듯
정숙한 듯 아닌 듯
그저 아리송하기만 한 친구

나는 오늘도
속절없이

마음의 언어들을
흩뿌린다

이 좁은 유리 상자 안
가까이 있음에도 우리는
각자의 고독한 섬

소통 부재의 쓸쓸함
알 수 없는 비밀
차곡차곡 쌓여간다

아… 문득
저 깊은 침묵의 뒷모습

그대 또한
나란한 고독을
품고 있는 걸까

가을의 길목

서늘한 바람이 붑니다
그 끝에 드리워진
차가운 그림자

나는 그것을
두려움이라 불렀습니다

수많은 계절을 건너오며
몸에 새겨진 삶의 무게
지워지지 않는 상처들

혹여 시린 바람에 떨게 될까
조심스레 내딛는 걸음은
그 자리에서 서성입니다

낯선 변화는 어둠 속 미지
이 늦은 날에 찾아온 사랑이
혹 부질없는 용기일까

늦가을 문턱에서
피어나는 이 설렘

발목을 붙잡는 좁고 아득한
경계선에 서 있습니다

차가운 겨울의 기척이
가을 길목에 드리운 그림자는
세상을 검게 물들입니다

겨울 애상

그리움이 눈이 되어
수북이 가슴에 쌓입니다

순간의 헛된 맹세의 기다림
파랗게 시린 마음으로

얼음장 되어 돌아앉아
얼어붙어 갑니다

아픈 그리움이
시린 사랑 되어버린
내 젊은 날의 사랑아

그리움과 후회
경계선에 서서
나 자신을 들여다봅니다

여전히 사랑을 향한
작은 불꽃이 남아 있음에
고마운 마음이 듭니다

언젠가
어느 공간에서
우리가 다시 마주하기를

이 복잡한 감정 모두 안고
조심스럽게
천천히

당신에게로 향하는 길을
살포시 밟아보려 합니다

8월의 노래

뜨거움을 견디면
사골이 고아지듯

인내를 가르치는 붉은 태양
햇볕의 땀방울 영글어가는 곡식
풍요로 가득한 8월

끝이 난 휴가
2학기의 시작 아이들의 개학

입추와 처서를 품은
여름의 끝자락
가을의 시작

끝남과 시작이 나란히 놓인
설렘의 달

우리의 여름도
이렇게 또 지나간다

낙엽이 내리던 날

공원 벤치에 앉아
가을 하늘을 올려다본다

낙엽 하나 툭
내 마음도 툭 떨어진다

보고 싶다
정말 보고 싶다

코끝이 시리고
가슴이 먹먹하다

하지 못한 말
전하지 못한 마음이
그리움 되어 떨어진다

너 떠난 그해 가을
우리를 지켜보던 낙엽이
오늘 내 곁에 내려앉는다

제 6장
깊은 하루의 틈에서

투명한 경계
이다음의 약속
아버지와의 추억
익어가는 중
달 항아리

투명한 경계

안경을 씁니다
오랜 상처 위에 내려앉은
몇 방울 서러움

수만 갈래 벼려진 시선
조심스레 감싸 안으려
안경을 씁니다

눈부시게 빛나는
곧고 정의로운
세상을 똑바로 마주하려

까만 어둠이 눈가에 내려
진심을 숨긴 채
다른 내가 되어보려
안경을 벗습니다

안경 너머 세상은
번진 수채화
안개 빛 흐림 속의 환상
덧칠된 현실

그 투명한 경계 위에 서서

흐릿함 속의 선명함
선명함 속의 흐릿함
가만히 응시 합니다

이다음의 약속

아이들이랑
수없이 약속만 하지

"엄마, 꽃놀이 가요"
이다음에
바쁜 일 끝나면 가자

"아빠, 여름 바다 놀러 가요"
이다음에
조금 시원해지면 가자

"엄마, 가을 단풍 보러 갈까?"
지금은 바빠
이다음에 시간 나면 가자

"아빠, 겨울산 눈 구경 갈까요?"
이다음에
조금 따뜻해지면 가자

우리 아이와 수없이 다짐해
가족여행 갈까

해외든 제주도든

이다음에
여유 생기면 그때 가자
늘 그렇게 대답했지

아이들이 자라서
"애들아,
우리 가족여행 갈까?"

"엄마, 아빠,
이다음에
시간 나면, 그때 가요."

이다음에,
이다음에,
또 이다음에…

아버지와의 추억

아버지 나이 쉰에
순하고 착한 아기가
천사 날개 짓 하며 태어났지

늙은 엄마의 젖은 말랐고
아기는 동네 메아리치게 울었지
아버지도 함께 울었지

숭늉물로 허기진 배 채운 천사는
젖배 골은 허기를 평생 안고 살았지

아버지의 사랑으로
천사는 가늘고 연약하게
그래도 잘 자라났지

바람이 많이 부는 날
학교 가는 딸 걱정에
바람에 날아갈까 봐

코트 주머니에
돌을 넣어주신 늙은 아버지

여린 막내가 눈에 밟혀
눈을 감지 못했지

돌을 넣어주신 아버지 마음
이해할 나이가 되었건만

이젠

아버지와의 추억만
내 가슴에 가득히

익어가는 중

땅속 깊이
몸을 단단히 박고
세월의 짐을 이고
살아가는 고구마

고구마 손에 쥐는 순간
묵직함과 답답함

말하고 싶어도
목 끝에 걸려
꾹꾹 눌러 삼키는 말

엉어리진 내 안의 이야기
숨쉬기조차 버겁다

따스한 온기로
천천히 익어가는 속살처럼

이 답답함도
언젠가는
훈훈한 온기로

세상에 풀어낼 수 있을까

침묵을 품고
하루하루 시제로
나만의 시상으로
나의 빛깔로 적어간다

따스한 온기 따라
조심스레 익어가는
고구마 속살처럼

나도 지금
조금씩 부드럽게
익어가는 중

달 항아리

우리 집 현관
달빛 담은 항아리 그림

붉음과 노랑 세로줄무늬
서로 다투며 배경을 이루고

거친 표면 질감에
인생이 그려져 있고
기억도 담겨 있다

깨진 듯 작은 실금
부서지지 않으려는

밀려나지 않으려고
마지막까지 버티는
안간힘의 흔적들

항아리 그림
혹시 나를 닮은 걸까

그래도

나는 오늘도
항아리의 응원받으며

꿈을 담아
미래를 향해
현관문을 나선다

제 7장
나와 마주하는 용기

생명 연장 기다림
나는 행복한 사람
오래된 기억에게
멈춤의 용기
두견주
유리병

생명 연장 기다림

한 달 후
돌아온다는 굳은 맹세

하루, 이틀
그대가 남긴 흔적들
"즐거웠지"

사흘째
아무 일 없다는 듯
무덤덤한 하루

나흘째
조금씩 스며드는 후회
조금 더 현명하게
그대를 보낼걸

일주일
그리움에 맘이 살짝 아려오고

이주일후
조여드는 압박감

삼주일
한 주 남은 시간
곧 기다림은 끝나리라

고마운 그대
감사한 그대
그대는 약속을 잘 지킵니다

나의 생명수를 부어주고
인간적인 생존마저 지켜줍니다

또다시 보내야 하는 아쉬움
한 달 후 꼭 돌아온다는 약속

그땐,
조금 더 커진 몸집으로 오겠지

기대하며
오늘도 열심히
하루를 살아냅니다

아, 그대 이름 월급봉투여

나는 행복한 사람

나는
가치 있는 일을 한다
사람을 살리는 일이다

나는
작은 것도 나누고

나는
고통을 지나왔고
그만큼 단단해졌다

나는
거절할 줄도 알고
거절당해도 담담하다

나는
믿어주는 친구가 있고
신뢰하는 동료가 있다

나는
든든한 가족이 있고

따뜻한 집이 있다

이 모든 것에
진심으로 감사하며
오늘을 살아간다

삶의 모든 순간마다
뜨겁게 숨 쉬며
행복할 용기를 낸다

나는
지금 이 순간도
행복한 사람

오래된 기억에게

잘 지내니
나도 당신처럼
애써 잘 지내

함께 나눈 눈부신 그 젊은 날
어설펐지만 찬란했던 순간

그 시절 기억해 준
고마운 이름이여

부서지는 일상 속에서
아주 가끔
당신은 나를 생각하려나

매일 만나고 헤어지던 그 길
발끝에 이어지던 전화
길고도 깊었던 그 밤들

나의 오래된 연인이여

가슴 한켠
무거운 돌덩이처럼
아직도 내려놓지 못한 마음

영화 속 장면처럼
예기치 못한 우연으로
다시 마주칠 수 있을까

그때처럼
고맙고 빛나던 그 모습으로

부디 지금은 평안하길
행복하길

나도
당신을 생각하며
이곳에서 잘 지내보려 해

안녕~~
기억 속 당신에게

멈춤의 용기

풍선을 분다
크게
더 크게 힘껏

폐활량 자랑하듯
멈추지 않고
계속 불어댄다

"펑!"

멈출 타이밍
놓쳐버린 풍선

한도초과 카드처럼
쓸모없어진 풍선

힘들 땐
멈추는 것도
용기라는 걸

터지기 직전
위태로운 풍선

나의 모습
지금은
잠시 멈춤

두견주

거실 유리장
진달래 술 두견주

작년 봄
등산길 유혹하던 진달래
소중히 꺾어와
정성껏 담근 술

천년을 지켜온 전통주
남과 북 하나된 만찬주

귀한 분 오시면
대접하려
곱게 아껴둔 술

오늘
가장 귀한 나를 위해
두견주를 개봉한다

한 모금 머금으니
몸에 봄이 물들고

내 인생에도
봄이 활짝 피어난다

유리병

뼈가 녹아
형태마저 사라지고
급냉의 마비 속에서

견디고
버티고
참아낸 세월 끝에
나는 태어났다

속내를 훤히 보여주고
지키고자 했던 것을
가슴에 품은 채
세상 앞에 섰다

천사의 생명수 담았고
성장의 양식 채웠고

맑고 투명한 그 안에
괴물을 숨겨 끝내
중독시켜 버렸다

너무 강해 아무도
가까이 올 수 없는 나는

손끝 하나로
낭떠러지 아래
산산이 부서진 나

지독히도
여리고 투명한 존재

오만과 교만
꺾이지 않으려고

끝내 버티다 부러지고
조각 파편 흩어진 운명

나의 이름은
유리병

제 8장
다시 희망을 피우다

바람 따라 낙엽처럼
잃어버린 장갑
희망 무지개
책에게 묻다
아침 누름돌
멈춤이 주는 선물
아침햇살

바람 따라 낙엽처럼

연두빛 설렘 안고
초록, 진초록으로
곱게 화장하며

오직,
그대를 기다렸죠

누렇게 바랜 내 모습
부끄러워 붉게 물들고

전하지 못한 마음은
녹아내린 심장 속에
남았어요

이제 내 몸에 남은
이별의 아픔 한 방울
이 자리에 두고 갈게요

슬픔도, 미련도,
지나간 기억들도
더는 붙잡지 않기로 했어요

떨어지는 내 몸과 함께
모두 훌훌
털어버리려 해요

이제는
가벼운 마음으로
바람 부는 대로

자유롭게
날아가려 해요
나만의 색으로

잃어버린 장갑

주말 대청소 날
가구 틈 먼지 속에서
아끼던 장갑 한 짝이 돌아왔다

한때
나를 보호해 주던
아끼고 귀한 내물건
그 장갑

어느 날
흔적도 없이 사라졌다

버리지 않고
기다린 또 한 짝의 장갑

둘이 있어야
비로소 제 몫을 다하는
한 쌍의 존재

예쁘고 새것일 땐
나를 외면 하더니

닳고 해진 모습으로
불쑥 돌아온 저 장갑

버리고 싶지만
쌍을 이뤘으니 함께 가야 하는
저 장갑

참
남편을 닮았다

희망무지개

매주 수요일은
안동 가는 날
꿈과 희망을 심으러 가는 길

산불이 머물던 자리
산등성이 죽음의 그림자
계곡마다 화형당한 소나무들

검은 띠를 두른
산봉우리 끝자락
맑은 하늘 사이로
굵은 비가 내린다

땅의 질문에 대한
하늘의 응답

푸른 하늘과 맞닿은
검은 숯덩이 사이로
무지개 떴다

잿빛 대지 위로
일곱 빛깔이 내린다

희망을
심어온 길 위에

마침내 닿았다

언젠가
푸르러질
내일을 향한
희망의 증표

내 미래의 모습

책에게 묻다

트렌드 잡지책
겉모습 컬러풀
금세 훑어보다
결국 냄비받침대로

두꺼운 전공책
언젠가 깨어날 가치
오랜 침묵 속 동거 중

베스트셀러는
흥미로 반짝반짝

어둡고 긴 터널 끝
나를 밝혀주는 책

좋은 인생책처럼
나도 명품이고 싶다

오늘도
수많은 유혹 뿌리치고
책을 펼친다

멈춤이 주는 선물

빨간불이 켜지면
멈춰야 해요

넘지 말아야 할 선
넘으면 위험한 선

잠시 숨을 고르고
기다려야 해요

깜빡이 경고등은
나를 깨우는 빛

빨간불 뒤엔
초록불이 꼭 찾아오듯

오늘
삶이 힘든 그대여
잠시 멈춰 서서
기다려요, 버텨봐요

곧 바뀔 거예요
초록 신호등처럼

아침 누름돌

힘 내어 불끈
새 기운으로 출발

보이지 않는 벽과 대화
답답함이 불끈 솟아오를 때
누름돌을 꺼낸다

서로 다름의 낯설음
틀림이라 단정 짓는 날카로움

활화산처럼 끓어오르는 분노
주머니 속 누름돌 만진다

혀끝을 맴도는 탐욕의 유혹
흔들리지 않기를

중독되어 버린 일상
내려놓아야 할 시간

누름돌은 말한다
이 또한

충만함이라

흔들리지 않는 마음
기울지 않는 다짐

맘속 평정 누리기 위해
오늘도 난

아침 누름돌 쥐고
세상 속으로 나아간다

흔들림 없이
나만의 길을 묵묵히 간다

에필로그

처음 시집을 준비하며
끝까지 완성할 수 있을까 걱정이 많았습니다

이렇게 마지막 장을 닫으며
그 모든 과정이 선물 같은 시간이었음을 느낍니다

제 삶 속에서 피어난 작은 이야기
독자 여러분의 마음속에
조금이라도 울림이 남았다면 그것으로 충분 합니다

시를 쓰면서
나는 나를 더 깊이 만나고
나를 통해 세상을 다시 바라볼 수 있었습니다

이 기쁨과 배움을 오래 간직하며
앞으로도 나답게 묵묵히 글을 이어가고 싶습니다.

함께해 주신 글 친구들과 멘토 황태옥박사님께
진심으로 고마움을 전합니다

고맙습니다